DIREZIONE
PE' VIAGGIATORI IN ITALIA
COLLA NOTIZIA
DI TUTTE LE POSTE,
E LORO PREZZI.
QUARTA EDIZIONE
Ricorretta nelle Poste cambiate, ed accresciuta dopo la prima.

Dedicato al Nobilissimo Cavaliere

IL SIGNOR MARCHESE
GIUSEPPE ZAGNONI.

Spiegazione delle Cifre

    Posta

    Castello

    Città

Scala di Miglia 20 Italiane.

IN BOLOGNA MDCCLXXV.

Per Gio: Battista Sassi. Con premissione.

DIRECTION

POUR LES VOIAGEURS EN ITALIE

AVEC LA NOTICE

DES TOUTES LES POSTES,

ET LEURS PRIX.

QUATRIEME EDITION

Nouvellement corrigée . avec des changemens da[ns] Postes, & augmentée depuis la premiere .

Dedié au tres-noble Seigneur, Mon[sieur]

LE MARQUIS

JOSEPH ZAGNONI.

Explication des Chifres

& Poste .

• Chateau .

✿ Ville .

Echelle de 2 0 Miles d'Italie.

A BOLOGNE MDCCLXXV.

Chez Jean Baptiste Sassi . Avec permission .

NOBILISSIMO SIGNORE.

A Niuno meglio che a Voi, Nobiliſſimo Signor Marcheſe, ſi conviene l' offerta del picco-lo libretto, ch' ora ho io l' onore di preſentarvi. Queſto è ſtato ſtampato non per fare un gran nome all' Autore, ma perchè ſerva alla pubbli-

ca

TRES-NOBLE SEIGNEUR.

IL n'y a perſonne, a qui mieux, qu'à vous,
tres-Noble Seigneur, l'on puiſſe dedier le petit
livre, que j'ai l'honneur de vous preſenter.
Ce livre n'a pas etè imprimè pour acquerir
beaucoup d'eſtime à l'Auteur, mais afin qu'il
ſoit

ca utilità, e perciò con tutta ragione a quel Cavaliere doveva essere offerto; che si fa gloria di procurare con ogni sollecitudine i vantaggi del Cittadino, ed il sostentamento del povero industrioso. Senza ch' io più chiaramente mi spieghi, questa Patria m' intende, e potrà rendere di quanto affermo le testimonianze più illustri, e più a Voi gloriose. Permettetemi, che a queste ne aggiunga io qui una sola, cioè, che sapete rendere cara ad ognuno la nobiltà, e magnificenza Vostra, accompagnandola con una affabilità e degnazione cortesissima, a cui affidatomi, ho io osato d' offerirvi cosa sì piccola, e Voi degnato vi siete d' accettarla benignamente. Accettate insieme con essa l' offerta di tutto me, che supplicandovi della graziosa Protezion Vostra, mi vi confermo con profondissimo ossequio.

Bologna 9. Marzo 1771.

Umo, Devmo, Obblmo Servitore
Carlo Barbieri.

foit utile au publique. C'eft pour cela, que de toute raifon l'on devoit le prefenter a' un Seigneur, qui fe fait gloire de donner tous fes foins aux avantages du citoien, & à l'entretien du pauvre induftrieux. Toute la Ville deja m'entend fort-bien fans que je m'explique plus clairement ; & elle même poura rendre les temoignages les plus illuftres, & les plus glorieux pour vous de ce que je viens de dire. Permettez mois, qu' j'en ajoute un aux fiens; c'eft que vous fcavez rendre agreable à tous votre nobleffe, & votre magnificence en y joignant la bontè la plus aimable. C'eft cette qualitè, qui vous diftingue fi bien, qui m'a donnè le courage de vous offrir fi peu de chofe ; & c'eft par cette bontè même, que vous avez deigne l'accepter. Deignez, Monfieur, d'accepter auffi moi même au nombre de ceux qui vous font le plus devoues, & de me continuer votre genereufe protéction. Je vous en fupplie, & je fuis avec le plus profond refpect.

Monfieur.

Bologne ce 9. Mars 1771.

Votre tres-humble, & tres-obeïffant Serviteur
Charles Barbieri.

Prezzi che si pagano li Cavalli per ciascheduno Stato.

Nello Stato del Papa.

Per due Cavalli da Sedia   Paoli 8.
Per un Cavallo da Sella   Paoli 3.

Nello Stato di Toscana.

Per due Cavalli da Sedia   Paoli 8.
Per un Cavallo da Sella   Paoli 3.

Nello Stato del Re di Napoli.

Per due Cavalli da Sedia   Carlini 11.
Per un Cavallo da Sella   Carlini 5., e mezzo.

Nello Stato del Piemonte.

Per due Cavalli da Sedia (Moneta di) Lire 4.
Per un Cavallo da Sella (Piemonte.) Lire 2.

Nello Stato di Milano.

Per due Cavalli da Sedia   Paoli 14.
Per un Cavallo da Sella   Paoli 5.

Nello Stato di Genova.

Per due Cavalli da Sedia (Moneta di) Lire 9.
Per un Cavallo da Sella (Genova.) Lire 3.

Nello Stato di Parma, e di Modena.

Per due Cavalli da Sedia   Paoli 10.
Per un Cavallo da Sella   Paoli 5.

Nel Piacentino.

Per due Cavalli da Sedia   Paoli 15.
Per un Cavallo da Sella   Paoli 5.

Nello Stato di Venezia.

Per due Cavalli da Sedia   Paoli 15.
Per un Cavallo da Sella   Paoli 7., e mezzo.

Avvertendo che nello Stato del Veneziano si potranno provvedere del Bollettone, che si chiama Cambiatura, il quale si dà alla Posta dal Corriere maggiore, ed allora li due Cavalli da Sedia non si pagheranno altro che un Filippo, e li Cavalli da Sella mezzo Filippo.

Entrando poi, e sortendo da qualunque Città del Piemonte si dovranno provvedere del Bollettone, quale si dà dalli Governatori delle Città dello Stato: e li Cavalli non si pagheranno che lire due per ciascheduno: sortendo da Turino non si paga più Posta Reale, avendola ridotta a Posta semplice.

Il

Les prix qu' on païe pour les Chevaux de chaque Etat.

Dans les Etats du Pape.
Pour deux Chevaux de Chaise   Paules 8.
Pour un Cheval de Selle   Paules 3.

Dans les Etats de Toscane.
Pour deux Chevaux de Chaise   Paules 8.
Pour un Cheval de Selle   Paules 3.

Dans les Etats du Roi de Naples.
Pour deux Chevaux de Chaise   Carlins 11.
Pour un Cheval de Selle   Carlins 5. , & demi.

Dans les Etats de Piemont.
Pour deux Chevaux de Chaise (Monnoïe de) Livres 4.
Pour un Cheval de Selle (Piemont.) Livres 2.

Dans les Etats de Milan.
Pour deus Chevaux de Chaise   Paules 14.
Pour un Cheval de Selle   Paules 5.

Dans les Etats de Genes.
Pour deux Chevaux de Chaise (Monnoïe de) Livres 9.
Pour un Cheval de Selle (Genes.) Livres 3.

Dans les Etats de Parme, & Modene.
Pour deux Chevaux de Chaise   Paules 10.
Pour un Cheval de Selle   Paules 5.

Dans le Plaisentin.
Pour deux Chevaux de Chaise   Paules 15.
Pour un Cheval de Selle   Paules 5.

Dans les Etats de Venise.
Pour deux Chevaux de Chaise   Paules 15.
Pour un Cheval de Selle   Paules 7. , & demi.

Avertiffant , que dans les Etats de Venise on pourra se pourvoir d' un Billet qu' on appelle changeur, qui se donne par le Chef des Couriers a la Poste, qu' allors on ne païera les deux Chevaux de Chaise que un Philippe, & les Cheval de Selle un demi Philippe.

Entrant , ou fortant des Villes du Piemont, il faut prendre un Billet du Gouverneur de la Ville : pour les Cheveaux l' on ne païe que deux Livres, pour chacque Cheval : fortant de Turin, l' on ne païe plus Poste Roïale, l' aiant reduite à Poste fimple.

Il presente Libro contiene numero ventiquattro Carte Geografiche, nelle quali vi sono delineate tutte le strade d'Italia, con la giusta situazione dei Luoghi ove sono le Poste. Città, e Castelli con li nomi d' ognuna in piccole distanze alle medesime Strade, come anche tutti li Fiumi, che si passano col pagamento, e senza, con li prezzi che si pagano li Cavalli in ciascheduno Stato, di maniera che ogni Viaggiatore senza domandare ad alcuno, potrà essere informato dal presente Libro. A tutte le Città Capitali sortendo si paga Posta Reale: cioè una, e mezza. Tutte le Poste che saranno segnate con una piccola stella, si dovrà prendere il terzo Cavallo, che si pagherà tre Paoli.

Ce livre contient vintquatres Cartes Geographiques, dans les quelles sont marqués tous les chemins d'Italie, avec la juste situation des lieux ou sont les Postes, Villes, & Chateaux, avec leurs noms particuliers dans la moindre distance des memes chemins, comme aussi toutes les Rivieres, qu'on passe avec le paiement, & sans, & avec les prix, que les Cheveaux paient, dans chaque état, de façon, que chaque Voïageur sans demander à personne, pourra être informé par le present. Sortant de toutes les Villes Capitales on paie Poste Roiale c'est a dire 1., & demi. Toutes les Postes qui seront marque d'une petite Etoille se doit prendre un troisieme Cheval qui se paiera trois paules.

INDICE.

INDICE.

VIAG-

VIAGGIO

Da Bologna, ad Ancona, per la via d' Imola, Faenza, Furlì, Cesena, Rimino, Pesaro, Fano, e Sinigaglia.

Num. I.

VOÏAGE

Da Bologne, à Ancone, par Imola, Faïance, Forlì, Cesene, Rimino, Pesero, Fan, & Sinigaglie.

Da Bologna, ad Ancona.	Da Bologne, à Ancone.
Da Bologna, a S. Nicolò. Si paſſa il Fiume Savena ſul Ponte, e ſi paga Paoli 1. per ciaſcuna Sedia da due rote, e da quatro ſi paga il doppio.	De Bologne, à S. Nicolas p. 1. & 1. q. On paſſe la Riviere Savena ſur le Pont, & on païe 1. Paule pour chaque chaiſe de doux roües, & de quattre on païe le double.
Da S. Nicolò, ad Imola Città.	De S. Nicolas, à Imola Ville p. 1. & 1. q.
Da Imola, a Faenza Città. Si paſſa il Santerno Fiume, ſul Ponte, e ſi paga Paoli 1. per Sedia come ſopra.	De Imola, à Faïence Ville p. 1. On paſſe la Riviere Santerno ſur le Pont, & on païe 1. Paule par chaiſe come ci deſſus.
Da Faenza, a Forlì Città.	De Faïence, à Forlì Ville p. 1.
Da Forlì, a Ceſena Città. Si paſſa il Fiume Ronco, e il Fiume Savio ſul Ponte, e ſi paga un Paolo per Sedia.	De Forli, à Ceſene Ville p. 1. & demi. On paſſe la Riviere Ronco, e la Riviere Savio ſur le Pont, & on païe 1. Paule pour chaiſe.
Da Ceſena, a Savignano Borgo.	De Ceſene, à Savignano Bourg. p. 1.
Da Savignano, a Rimini Città.	De Savignano, à Rimino Ville p. 1.
Da Rimini, alla Cattolica.	De Rimino, à la Catholique p. 1. & demi.
Si paſſa il Fiume Conca, e ſi paga Paoli 1. come ſopra, quando queſto Torrente è gonfio, e pericoloſo.	On paſſe la Riviere Conca, & on païe 1. Paule come ci deſſus, quand ce Torrent groſſit il eſt dangereux.
Dalla Cattolica, a Peſaro Città. Qui ſi coſteggia la Marina, quando il Mare è quieto; ed eſſendo altrimenti, ſi va per la ſtrada di ſopra, detta il Pantalone.	De la Catholique, à Peſaro Ville p. 1. Ici on va ſur la Côte de la mer, quand elle eſt en calme, mais ne l'étant pas, on va ſur le haut chemin appellé le Pantalone.
Da Peſaro, a Fano Città.	De Peſero, à Fano Ville p. 1
Da Fano, a Marotto.	De Fano, à Marotto p. 1.
Da Marotto, a Sinigaglia Città.	De Marotto, à Sinigaglie Ville p. 1.
Da Sinigaglia, alle Caſe Bruciate.	De Sinigaglie, aux Maiſons Bruleés p. 1.
Dalle Caſe Bruciate, ed Ancona Città.	Des Maiſons Bruleès, à Ancone Ville p. 1.
Sono Poſte 15. e mezza, miglia 144	Il y a 15. Poſte & demi, milles 144.

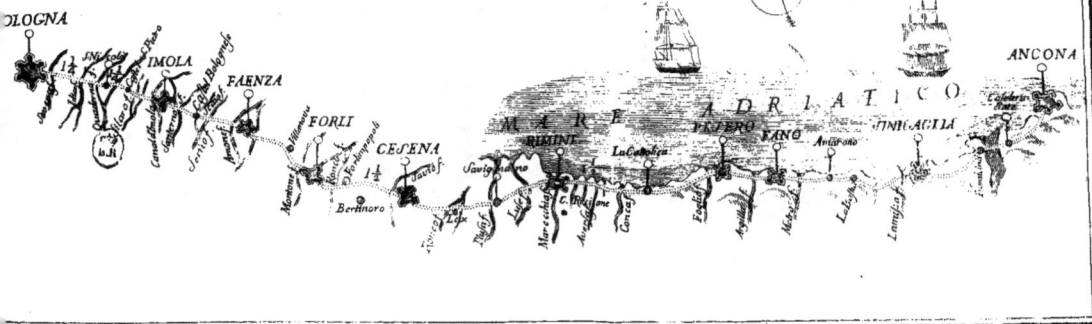

Viaggio da Bologna a Ancona
Sono Poste 15¾. Miglia 144.

BOLOGNA · IMOLA · FAENZA · FORLI · CESENA · Bertinoro · RIMINI · FESERO · FANO · SINIGAGLIA · ANCONA

MARE ADRIATICO

VIAGGIO

Da Bologna, a Roma, per la via d' Ancona, Loreto, Macerata, Tolentino, Foligno, Spoleti, Terni, e Narni.

VOÏAGE

De Bologne, à Rome, par Ancone, Lorete, Macerate, Tolentin, Foligne, Spoleti, Terni, & Narni.

Da Bologna, ad Ancona Poſte 15., e mezza, vedi il num. 1.	*De Bologne, à Ancone, Il y a 15. Poſtes, & demi, Vois le num. 1.*

Da Ancona, a Camurano.	De Ancone, à Camurane. p. 1.
Da Camurano, a Loreto Città.	De Camurane, à Lorete Ville. p. 1.
Da Loreto, a Sambuchetto.	De Lorete, à Sambu-chette. p. 1.
Da Sambuchetto, a Macerata Città.	De Sambuchette, à Ma-cerate Ville. p. 1.
Da Macerata, a Tolentino Città.	De Macerate, à Tolen-tin Ville. p. 1. & demi.
Da Tolentino, a Valcimarra.	De Tolentin, à Valci-marre. p. 1.
Da Valcimarra, alle Trave.	De Valcimarre, à Tra-ves. p. 1.
Dalle Trave, a Seravalle.	De Traves, à Seravalle. p. 1.
Da Seravalle, alle Caſe Nuo-ve.	De Seravalle, à Maiſons neuves. p. 1.
Dalle Caſe Nuove, a Foligno Città.	De Maiſons neuves, à Foligne Ville. p. 1.
Da Foligno, alle Vene.	De Foligne, à Venes. p. 1.
Dalle Vene, a Spoleti Città.	De Venes, à Spoleti Ville. p. 1.
* Da Spoleti, a Strettura.	*De Spoleti, à Strettura. p. 1.
* Da Strettura, a Terni Città.	*De Strettura, à Terni Ville. p. 1.
Da Terni, a Narni Città.	De Terni, à Narni Ville. p. 1.
Da Narni, a Otricoli.	De Narni, à Otricoli. p. 1.
Da Otricoli, a Borghetto.	De Otricoli, à Borghet-to. p. 0. 3. q.
Da Borghetto, a Civita Caſtel-lana.	De Borghetto, à Cività Caſtellane. p. 0. 3. q.
Da Cività Caſtellana, a Ri-gnano.	De Cività Caſtellane, à Rignane. p. 1.
Da Rignano, a Caſtel Nuovo.	De Rignane, à Chateau neuf. p. 1.
Da Caſtel Nuovo, al Borghet-taccio.	De Chateau neuf, à Bor-ghettaccio. p. 0. 3. q.
Dal Borghettaccio, alla Pri-ma Porta.	De Borghettaccio, à Pri-me Porte. p. 0. 3. q.
Dalla Prima Porta, a Roma.	De Prime Porte, à Rome. p. 1.
Sono Poſte 22., e mezza: miglia 172.	*Il y a 22. Poſtes, & demi: mil-les 172.*

Viaggio da Ancona a Roma
Sono Poste 22½ Miglia 170.

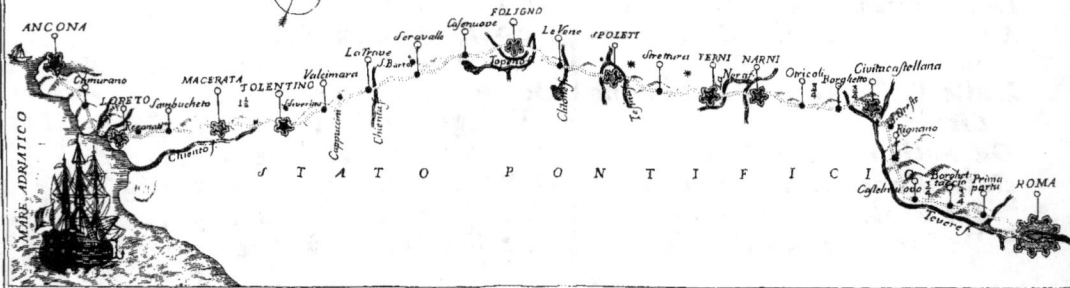

ANCONA

Camurano

LORETO Sambucheto

MACERATA

TOLENTINO

Valcimara

La Trove

S. Barto

Seravalle

Casenuove

FOLIGNO

Tupino

Le Vene SPOLETI

Stremura VERNI NARNI

Nera f.

Oricoli Borghetto

Civitacastellana

MARE ADRIATICO

Aspanti

Chienti f.

Cappuccini

Chienti

Chiascio

S T A T O   P O N T I F I C I

Rignano

Borghi

Castelnuovo Prima porta ROMA

Tevere f.

Num. 3.

VIAGGIO

Da Bologna , a Foligno ,
per la via di Fano ,
Fossombrone , Cagli , e
Nocera .

Num. 3.

VOÏAGE

De Bologne , à Foligne,
par Fan, Fossombro-
ne, Cagli , & Noce-
re .

Da Bologna, a Fano sono Poste 11., e mezza, vedi il num. 1.

Da Fano, a Calcinello.
Da Calcinello, a Fossombrone Città.
Da Fossombrone, all' Acqualagna.
Dall' Acqualagna, a Caglie.

Da Caglie, a Cantiano Castello.
*Da Cantiano, alla Scheggia Castello.
Dalla Scheggia, a Sigillo Castello.
Dal Sigillo, a Gualdo Castello.

Da Gualdo, a Nocera Città.

Da Nocera, a Ponte Contosimo Borgo.
Da ponte Centesimo, a Foligno Città.
Segue il Viaggio fino a Roma.
Sono Poste 10., e mezza: miglia 95.

Questo viaggio facevasi in addietro dalli Currieri di Roma, ma in oggi tenendo la strada di Loreto, non vi si trovano più Cavalli per correre la Posta.

De Bologne, à Fan, il y a 11. Postes, & demi, vois le nombre 1.

Da Fano, à Calcinelle. p. 1.
De Calcinelle,à Fossombrone Ville. p. 1.
De Fossombrone, à l'Aqualagne. p. 1.
De l'Aqualagne, à Caglie. p. 0. 3. q.
De Caglie, à Cantiane Chateau. p. 0. 3. q.
*De Cantiane,à la Scheggia Chateau. p. 1.
De la Scheggia, à Sigille Chateau. p. 1.
De Sigille, à Gualde Chateau, p. 1.
De Gualde, à Nocere Ville. p. 1.
De Nocere,au Pont Centesimo Bourg. p. 1.
Du Pont Centesimo, à Foligne Ville. p. 1.
Suit le Voïage jusqu'à Rome. Il y a 10. Postes, & demi : milles 95.

Ce Voïage se faisois avant par les Couriers de Rome, mais aujourdhuy ayant pris la Route de Lorette il n'y a plus de chevaux pour courire la Poste.

Viaggio da Fano a Foligno
Sono Poste 10½. M.95.

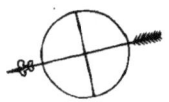

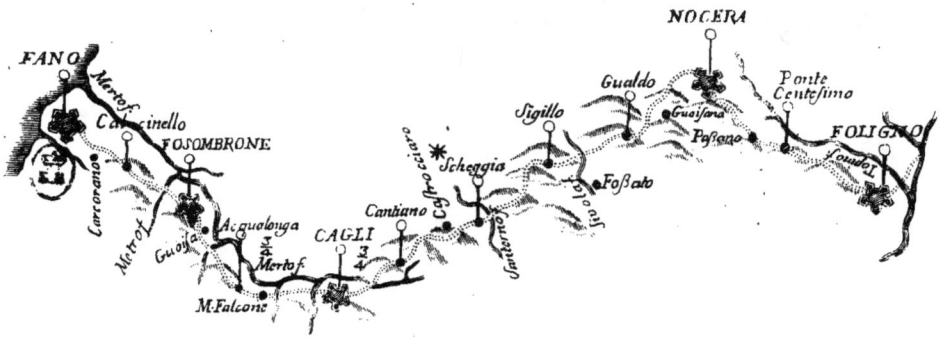

FANO

Mertof.

Carrocino

Carcorano

Mertof.

Guoja

M.Falconi

Acqualonga

FOSOMBRONE

Calcinello

CAGLI

¾
¾
Mertof.

¾
¾

Cantiano

Caſa crociara

Scheggia

Santerno

Sigillo

Foſsato

Gualdo

Guaifana

Paſsano

NOCERA

Ponte
Centeſimo

FOLIGNO

Caudol.

— *Num.* 4.   Num. 4.

VIAGGIO   VOÏAGE

Da Bologna, a Firen- De Bologne, à Floren-
ze.   ce.

Da Bologna, a Firenze.

*Da Bologna, a Pianoro.
Si paſſa il Fiume Savena ſul Ponte, e ſi paga un Paolo per ogni Sedia da due ruote.

*Da Pianoro, a Lojano.
*Da Lojano, alle Filicaje.

Dalle Filicaje, a Covigliajo.

Da Covigliajo, a Monte Carelli.

Da Monte Carelli, a Cafagiolo.

Da Cafagiolo, a Fonte buona.

Da Fonte buona, a Firenze.

Sono Poſte 9. miglia 66.

Dichiarando però, che per ciaſcheduna delle Poſte da Bologna, a Pianoro, e da Pianoro, a Lojano, e da Lojano, alle Filicaje, atteſa la qualità delle Strade, che conducono alle ſuddette Poſte, quali ſono parte Renoſe, e Montuoſe, ſi dovrà da ogn' uno per ogni Caleſſe prendere il terzo Cavallo, col pagamento di Paoli tre per Poſta, e dove è Poſta e mezza, Paoli quattro, e mezzo, e per un legno a quattro Ruote altri due Cavalli coll' Uomo ſopra, oltre li quattro ſoliti col pagamento di Paoli ſei per Poſta, e dove evvi Poſta, e mezza, Paoli 9., tanto nell' andare, che nel tornare.

De Bologne, a Florence.

*De Bologne, à Pianoro. p. 1. & demi.
On paſſe la Riviere Saveue ſur le Pont, & on paie un Paule par chaque Caléche de deux roües.

*De Pianoro, à Lojane. p. 1. & demi.
*De Lojane, aux Filicajes. p. 1.

Des Filicajes, à Covigliaje. p. 1.

De Covigliaje, à Monte Carelli. p. 1.

De Monte Carelli, à Cafagiole. p. 1.

De Cafagiole, à Fonte bonne. p. 1.

De Fonte bonne, à Florence. p. 1.

Il y a 9. Poſtes: mille 66.

Avertiſſant cependant, que pour chacune des Poſtes de Bologne à Pianoro, & de Pianoro, a Lojane, & de Lojane, aux Filicajes, vû que la qualité des chemins, qui conduiſſent aux ſuddittes Poſtes, qui parties ſont Sabloneux. & eſcarvés, un chacun dovra pour chaque Caleche, ou chaiſe prendre un troiſieme cheval ; avéc le payement des trois Pauls par Poſte, & pour une Poſte & demi, quatre Pauls & demi, our une Voiture à quatre Roues, & quatres chevaux il faut en prendre autres deux avec le Poſtillon, & on vay Pauls ſix par Poſta, & pour Poſta & demi neuf Pauls tant en allant, qu' en retournant.

N.4.

Viaggio da Bologna a Firenze
Sono Poste 9. Miglia 66.

BOLOGNA
Pianoro
1½
Sabbione
Luiano
1½
Filicaie
Chovigliaio
M. Carelli
Cafaggiolo
Fontebuona
Tresviano
FIRENZE

Savena f.
Scaricalasino
Pietramala
Firenzola
Santerno
Fortezza di S. Maria
Maschere
S. Pietro a Siee
Stivigliano
Pratolino
Fiesole

B O L O G N E S E

F I O R E N T I N O

B.R.

Num. 5.

VIAGGIO

Da Bologna, a Roma,
per la via di Firenze,
Siena, e Viterbo.

VOÏAGE

De Bologne, à Rome,
par Florence, Siene,
& Viterbe.

Da Bologna, a Firenze, sono Poste 9. vedi il num. 4.	De Bologne, à Florence, il y a 9. Postes Vois le nombre 4.

Da Firenze, a S. Cassiano.	De Florence, à S. Cassien. p. 1.
Da San Cassiano, alle Tavernelle.	De S. Cassien, aux Tavernelles. p. 1.
Dalle Tavernelle, a Poggi Bonzi.	Des Tavernelles, à Poggi Bonsi. p. 1.
Da Poggi Bonzi, a Castiglioncello.	De Poggi Bonsi, à Castiglioncello. p. 1.
Da Castiglioncello, a Siena Città.	De Castiglioncello, à Siene Ville. p. 1.
Da Siena, a Monterone.	De Siene, à Monterone. p. 1.
Da Monterone, a Buon Convento.	De Monterone, à Buon Convento. p. 1.
Da Buon Convento, a Torrinieri.	De Buon Convento, à Torrinieri. p. 1.
*Da Torrinieri, alla Scala.	*De Torrinieri, à la Scala. p. 1.
Dalla Scala a Ricorsi.	De la Scala, à Ricorsi. p. 1.
*Da Ricorsi, a Re de Cofani.	*De Ricorsi, à Re de Cofani. p. 1.
*Da Re de Cofani, a Ponte Centino.	*De Re de Cofani, au Pont Centin. p. 1.
Da Ponte Centino, a Acqua Pendente Città.	Du Pont Centin, à Acqua Pendente Ville. p. 1.
Da Acqua Pendente, a S. Lorenzo alle Grotte.	De Acqua Pendente, à S. Laurent aux Grottes. p. 0. 3
Da S. Lorenzo alle Grotte, a Bolsena Città.	De S. Laurent aux Grottes, à Bolsene Ville. p. 0. 3.
Da Bolsena, a Monte Fiascone Città.	De Bolsene, au Mont Fiascon Ville. p. 1.
Da Monte Fiascone, a Viterbo Città.	De Mont Fiascon, à Viterbe Ville. p. 1.
Da Viterbo, alla Montagna.	De Viterbe, à la Montagne. p. 0. 3
Dalla Montagna, a Ronciglione.	De la Montagne, à Ronciglione. p. 1.
Da Ronciglione, a Monte Rosi.	De Ronciglione, à Monte Rosi. p. 1.
Da Monte Rosi, a Baccano.	De Monte Rosi, à Baccane. p. 1.
Da Baccano, alla Storta.	De Baccane, à la Storta. p. 1.
Dalla Storta, a Roma.	De la Storta, à Rome. p. 1.
Sono Poste 22. e 1. q. miglia 164.	Il y a 22. Postes: e 1. q. milles
Da Ponte Centino, a Re de Cofani vi è una Posta, e mezza andando verso Firenze, e andando verso Roma Poste una.	Du Pont Centin, à Re de Cofani y a une Poste, & demi, allant vers Florence, & allant vers me, une Poste.

Viaggio da Firenze a Roma
Sono Poste 22½ Miglia 164.

STATO PONTIFICIO

REDICOFANI

SIENA
Arbia.

Monteroni

Buonconvento

Torrenieri

La Scala

Acqua
Pendente

Ponte
a Centino

Bolsena

Montefiascone

Alberi più
di Viterbo

VITERBO

RONCIGLIONE

M.Rofi

Baccanello

Storta

Campagnano

Poggibonzi

Cajtiglion ceffa

Staggia

CATO DI TOSCANA

Poderina

AN

D U

VIAGGIO

Da Roma, a Napoli, per la via di Veletri, Terracina, Molo di Gaetta, e Capua.

Num. 6.

VOÏAGE

De Rome, à Naples, par Valetri, Terraccine, au Port de Gaeta, & Capoue.

Da Roma , a Napoli.	De Rome , a Naples.
Da Roma , alla Torre.	De Rome , à la Tour. p.1.& demi.
Dalla Torre , a Marino.	De la Tour , à Marine . p. 1.
Da Marino , alla Fajola.	De Marine, à la Faïole . p. o. 3. q.
* Dalla Fajola , a Veletri.	De la Faïole, à Veletri . p. o. 3. q.
Da Veletri , a Cisterna.	De Veletri , à Citerne. p. 1.
Da Cisterna , a Sarmonetta.	De Citerne à Sarmonette. p. 1.
Da Sarmonetta , alle Case Nuove.	De Sarmonette, aux Maisons Neuves . p. 1.
Dalle Case Nuove , a Piperno.	Des Maisons Neuves , à Piperne . p. o. 3. q.
* Da Piperno , a Maruti.	De Piperne , à Maruti. p. 1.
Da Maruti , a Terraccina.	De Maruti, à Terraccine. p. 1.
Da Terraccina , a Fondi.	De Terraccine, à Fondi. p.1.&demi.
Da Fondi , a Itri.	De Fondi , à Itri . p. 1.
Primo Dazio del Re di Napoli.	Premier impôt du Roi de Naples.
Da Itri , a Molo di Gaeta.	De Itri , à Molo de Gaeta. p. 1.
Da Molo di Gaeta, a Carigliano.	Du Molo de Gaeta , à Carigliane. p. 1.
Si passa il Carigliano Fiume sopra la barca, e si paga tre Carlini per Sedia.	On passe le Carigliane Riviere sur la barque, & on paie trois Carlins par Chaise.
Da Carigliano , a S. Agado.	De Carigliane , à Sant' Agade. p. 1.
Da S. Agado , a Francolisi.	De Sant' Agade , à Francolisi. p. 1.
Da Francolisi , a Capua.	De Francolisi , à Capoüe . p. 1.
Da Capua , a Versa.	De Capoüe , à Verse. p. 1.
Secondo Dazio del Re di Napoli.	Second Impôt du Roi de Naples.
Da Versa , a Napoli.	De Verse , à Naples. p. 1.
Sono Poste 19.e 1.q. miglia 155.	Il y a 19. Postes e 1. q. milles 155.
Chiunque vorrà intraprendere questo Viaggio, è necessario che si provegga del Passaporto, il quale si dà dall' Ambasciadore di Napoli in Roma , e per sortire da detto Stato si spedisce il Passaporto dalla Cancellaria Reggia contro un Biglietto dell' Ambasciadore dello Stato di quello, che desidera il Passaporto.	Ceux qui voudront entreprendre ce Voïage, il faudra qu' ils prennent le Passeport de l' Ambassadeur de Naples a Rome , & pour sortir du dit Etat l'on depeche le Passeport de la chancellerie Royale en presentant un billet de l' Ambassadeur de l'Etat de celui qui demande la Passeport.

Viaggio da Roma a Napoli
Sono Poste 19½ Miglia 155.

ROMA

PARTE DEL NAPOLETANO

STATO DELLA CHIESA

FONDI

CAPOA

NAPOLI

TERRACINA

GAETA

Mola di Gaeta

VELLETRI

Nemo

La Faiola

Marino

AllaTorre

MARE MEDITERRANEO

VIAGGIO

Da Bologna, a Livorno, per la via di Firenze, Pisa, e da Pisa a Siena.

Num. 7.

VOÏAGE

De Bologne, a Livour-ne, par Florence, & Pise, & de Pise a Sie-ne.

Da Bologna, a Firenze, sono Poste 9. vedi il num. 4.	De Bologne, à Florence, il y a 9. Postes. Vois le nombre 4.

Da Firenze, alla Lastra. — De Florence, à la Lastra. p. 1.

Dalla Lastra, all' Osteria nuova. — De la Lastra, à Cabarert neuve. p. 1.

Dall' Osteria nuova, alla Scala. — De Cabarert neuve, a l' Echelle. p. 1.

Dalla Scala, a Castel del Bosco. — De l'Echelle, à Castel del Bosco. p. 1.

Da Castel del Bosco, alla Cascina. — De Castel del Bosco, à Cascine. p. 1.

Dalla Cascina, a Pisa. — Des Cascine, à Pise. p. 1.

Da Pisa, a Livorno. — De Pise, a Livourne. p. 2.

Sono Poste 8. miglia 62. — Il y a 8. Postes: milles 62.

Questo Viaggio si può fare tutto per Acqua imbarcandosi nell' Arno in Firenze nel luogo detto li Navicelli, oppure si può andare a Pisa, e allora imbarcarsi, essendevi una Barca, che parte ogni giorno. — On peut faire ce Voiage par eau, en s'embarquant sur l'Arne à Florence, dans l'endroit dit les Navicelli, ou bien on peut aller à Pise, & alors s'embarquet, y aiant une Barque qui part tous les jours.

Da Pisa alle Fornacette. — De Pise aux Fornacette. p. 1.

Dalle Fornacette a S. Romano. — Des Fornacette à S. Romains. p. 1.

Da S. Romano alla Scala — De S. Romains a l'Echelle. p. 1.

Dalla Scala a Castel Fiorentino. — De l'Echelle a Chateaux Florentains. p. 1.

Da Castel Fiorentino a Poggibonsi. — De Chateaux Florentains a Poggibonsi. p. 1.

Da Poggi Bonsi a Castilioncello. — De Poggi Bonsi à Chatilioncelle. p. 1.

Da Castilioncello a Siena. — De Chatilioncelle à Siene. p. 1.

Sono poste 7. — Il y a 7. Postes.

Viaggio da Firenze a Livorno
Sono Poste 8. Miglia 62
da Pisa a Siena Poste 7.

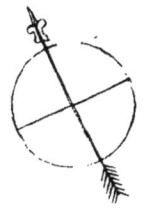

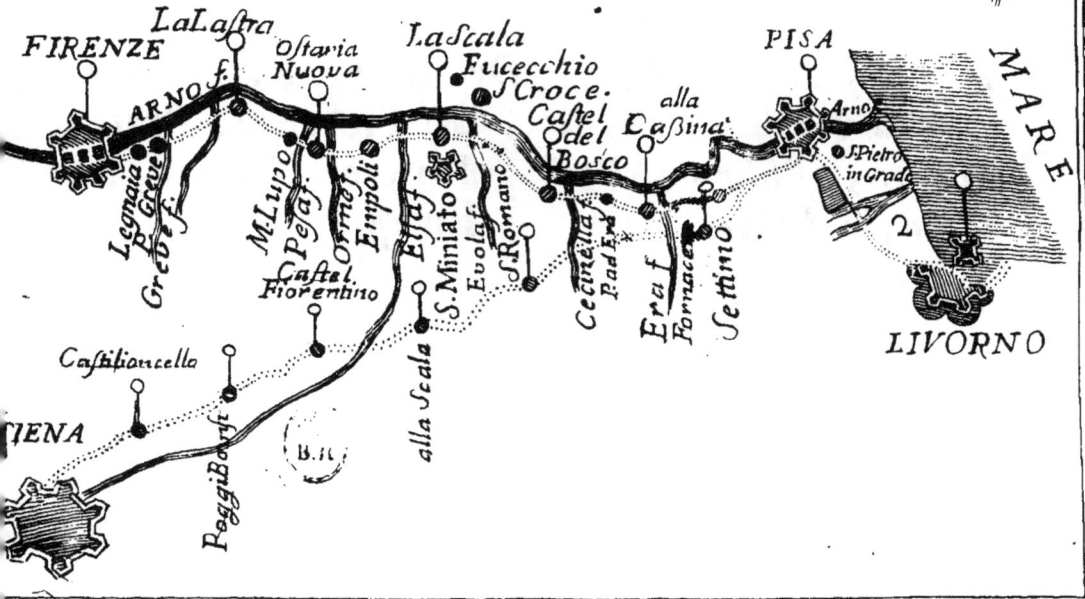

MARE

FIRENZE

LaLastra

Ostaria Nuova

ARNO f.

LaScala

Fucecchio

S.Croce.

Castel del Bosco

alla Dassina

PISA

Arno

S.Pietro in Grado

Legnaia

Greve f.

M.Lupo

Pegas

Ormes

Empoli

Elsaf

S.Miniato

Evola

S.Romano

Cecinella

Pad.Em.

Era f.

Fornace

Settimo

2

Castel Fiorentino

LIVORNO

Castiliancello

alla Scala

SIENA

PoggiBorsi

B.R.

VIAGGIO

Da Bologna, a Pifa,
per la via di Firenze,
Prato, Piftoja, Pe-
fcia, e Lucca.

VOÏAGE

De Bologne, à Pife,
par Florence, Prate,
Piftoie, Pefcia, &
Lucques.

Da Bologna, a Firenze, sono Poste 9. vedi il num. 4.	De Bologne, a Florence, il y a 9. Postes, Vois le nombre 4.

Da Firenze, a Prato Città.

De Florence, à Prato Ville. p.1.& demi.

Da Prato, a Pistoja Città.

De Prato, à Pistoïe Ville. p.1.& demi.

Da Pistoja, a Borgo, a Buggiano.

De Pistoïe, au Bourg à Buggiano. p.1.& demi.

Da Borgo, a Buggiano, a Lucca Città.

Du Bourg à Buggiano, à Lucques Ville. p.1.& demi.

Da Lucca, a Pisa Città. Sono Poste 8. miglia 54.

De Lucques, à Pise Ville. p. 2. Il y a 8. Postes: milles 54.

Uno che non voglia passare per Prato, da Firenze può andare al Poggio a Cajano, e dal Poggio a Cajano, a Pistoja, ma vi è la medesima distanza.

Celui, qui ne voudroit point passer par Prato, de Florence peut aller au Poggio à Cajano, & du Poggio à Cajano, a Pistoïe, mais c'est la même distance.

Viaggio da Firenze a Pisa
Sono Poste 8. Miglia 54.

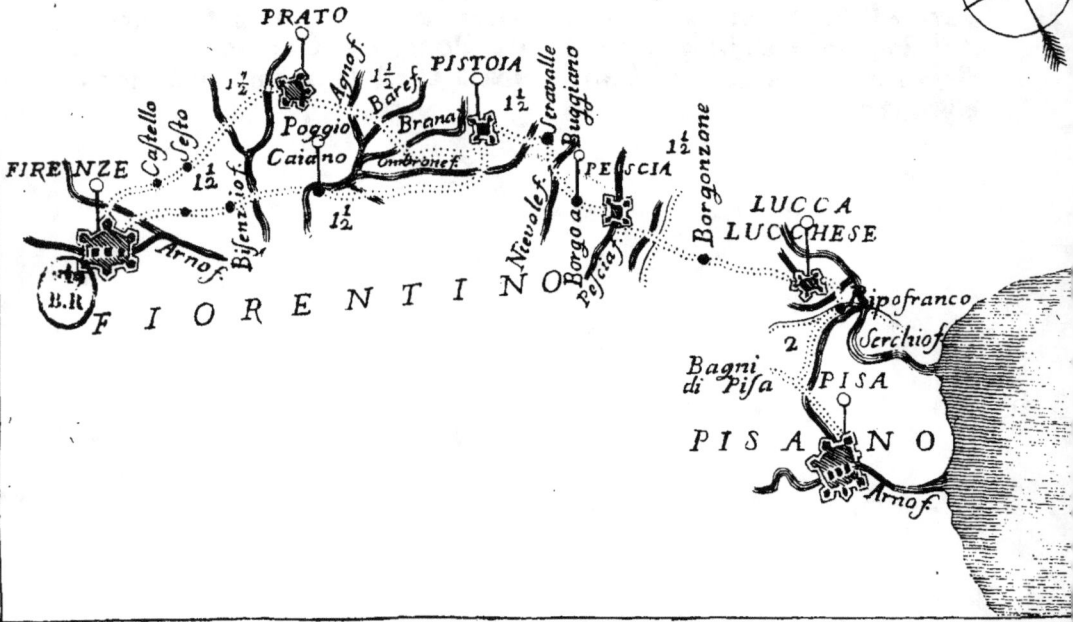

PRATO

PISTOIA

Castello
Sesto

Poggio
Caiano

Brana

Traballe
Buggiano

FIRENZE

Bisenzio f.

Ombrone f.

PESCIA

Borgonzone

LUCCA
LUCCHESE

B.R.

Arno f.

N. Nievole f.

Borgo a
Pescia

F   I   O   R   E   N   T   I   N   O

Ripofranco

Serchio f.

Bagni
di Pisa

PISA

PISANO

Arno f.

$1\frac{1}{2}$

$1\frac{1}{2}$
Bare f.

$1\frac{1}{2}$

$1\frac{1}{2}$

$1\frac{1}{2}$

$1\frac{1}{2}$

$1\frac{1}{2}$

2

VIAGGIO

Da Bologna, a Foligno,
per la via di Firenze,
Arezzo, Cortona, e
Perugia.

VOÏAGE

De Bologne, à Foligne,
par Florence, Arez-
zo, Cortone, Pe-
rugia.

Da Bologna, a Firenze, sono poste 9. vedi il num. 4.	De Bologne, à Florence, il y a 9. Postes, vois le nombre 4.
Da Firenze, a Pian del Fonte.	De Florence, à Pian del Fonte. p. 2.
Da Pian del Fonte, a Levane.	De Pian del Fonte, aux Levanes. p. 2.
Da Levane, ad Arezzo.	Des Levanes, à Arezzo. p. 2.
Da Arezzo, a Camoscia.	De Arezzo, à Camoscia. p. 2.
Da Camoscia, a Torricella.	De Camoscia, à Torricelle. p. 2.
Da Torricella, a Perugia.	De Torricelle, à Peruge. p. 2.
Da Perugia, alla Madonna degli Angioli.	De Peruge, à notre Dame des Anges. p. 1.
Dalla Madonna degli Angioli, a Foligno.	De notre Dame des Anges, à Foligne. p. 1.
Sono Poste 14.: miglia 122.	Il y a 14. Postes: milles 122.

Viaggio da Firenze a Foligno
Sono Poste 14. Miglia 122.

FIRENZE

Arno f.
Piandella Fonte
Incifa

Bagno
2
Troghi
S.Donato
Palazzo
Figline
Giouanni
M.Varchi
Levane
Terina
2
AREZZO

Quarata

Vitiano
Castiglione Fiorentino
Montecchio
2
Canossia
CORTONA 2
Palignano
Toricella
PERUGIA
Madonna degl'Angeli
FOLIGNO

STATO DELLA CHIESA

Ospidaletto
Ossaia
2
Lago di Trasi
2
Tenere
ASSISI
Torino
Le Vene

F I O R E N T I N O

Num. 10.

VIAGGIO

Da Bologna, a Manto-
va, per la via di Mo-
dena, e Mirandola.

Num. 10.

VOÏAGE

De Bologne, à Man-
toue, par Modene.
& la Mirandole.

Da Bologna, a Mantova.	*De Bologne, à Mantoüe.*
Da Bologna, alla Samoggia.	De Bologne, à la Samoggia. p.1.& demi.
Si paßa il Reno Fiume ful Ponte, e ſi paga un Paolo.	On paſſe la Riviere de Reno ſur le Pont, & on paie un paule.
Dalla Samoggia, a Modena.	De la Samoggia, à Modene. p.1.& demi.
Si paßa il Fiume Panaro in barca, e ſi paga.	On paſſe la Riviere Panaro en barque, & on paie.
Da Modena, a Buonporto.	De Modene, a Buonporto. p. 1.
Da Buonporto, alla Mirandola.	De Buonporto, à la Mirandole. p. 2.
Dalla Mirandola, alla Concordia.	De la Mirandole, à la Concorde. p. 1.
Dalla Concordia, a Quingentolo.	De la Concorde, à Quingentolo. p.1.& demi.
Da Quingentolo, a Governolo.	De Quingentolo, à Governolo. p. 1.
Si paßd il Pò Fiume in barca, e ſi paga.	On paſſe le Fleuve Pò en barque, & on Paie.
Da Governolo, a Mantova.	De Governolo, à Mantoüe. p.1.& demi.
Sono Poſte 11. miglia 97.	Il y a 11. Poſtes; milles 97.

Viaggio da Bologna a Mantova
Sono Poste 11. Miglia 97.

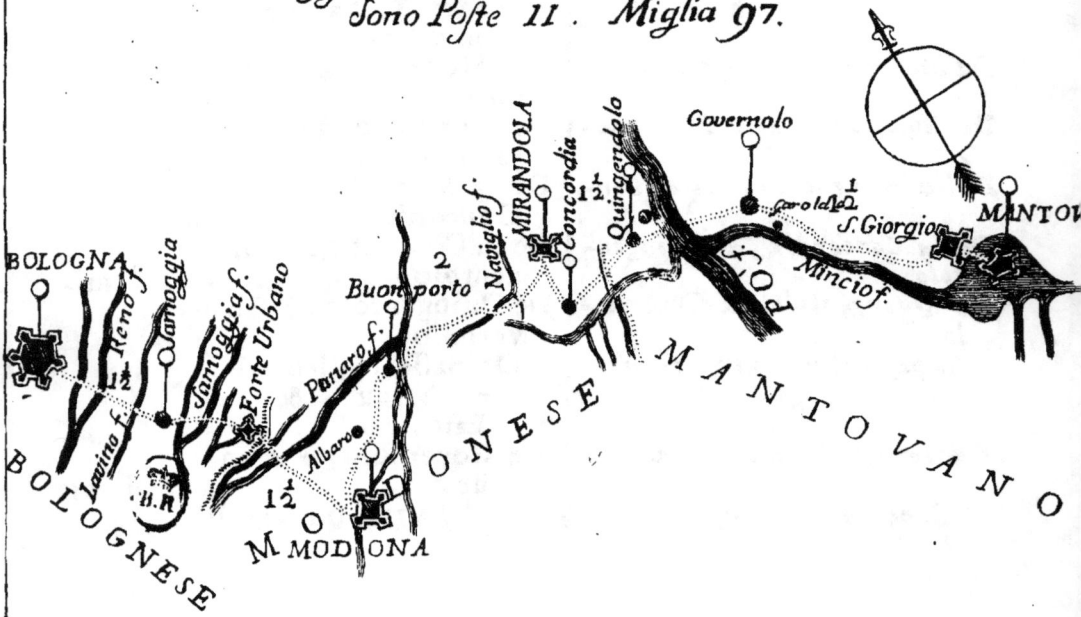

BOLOGNA
Reno f.
Lavino f.
Samoggia
Forte Urbano
Samoggia f.
BOLOGNESE
B.R.
MOD.
M. MODONA
Albaro
1½
Panaro f.
Buonporto
2
Naviglio f.
MIRANDOLA
Concordia
1½
Quingentolo
ONESE
MANTOVANO
Governolo
Carolde
½
S. Giorgio
Mincio f.
Po f.
MANTOV

VIAGGIO

Da Bologna, a Trento,
per la via di Modena,
Mirandola, Mantova,
e Roveredo.

VOÏAGE

De Bologne, à Tren-
te, par Modene, Mi-
randole, Mantoue,
& Roverede.

Da Bologna, a Mantova, sono Poste II. vedi il num. 10.	De Bologne, à Mantoüe, il y a II. Postes, vois le nombre 10.
Da Mantova, a Roverbella.	De Mantoüe, à Roverbelle. p. 1. & demi.
Da Roverbella, a Castelnuovo.	De Roverbelle, à Chateauneuf. p. 1.
Si passa il Fiume Adice in barca, e si paga.	On passe la Riviere Adice en Barque, & on païe.
Da Castelnuovo, alla Chiusa.	De Chateauneuf, à la Chiusa. p. 1.
Dalla Chiusa, a Peri.	De la Chiusa, à Peri. p. 1.
Da Peri, a Ala.	De Peri, à Ala. p. 1.
Da Ala, a Roveredo.	De Ala, à Roverede. p. 1.
Da Roveredo, a Trento.	De Roverede, à Trente. p. 1.
Sono Poste 7., e mezza: miglia 60.	Il y a 7. Postes, & demi: milles 60.

Viaggio da Mantova a Trento
Sono Poste 7½ Miglia 60.

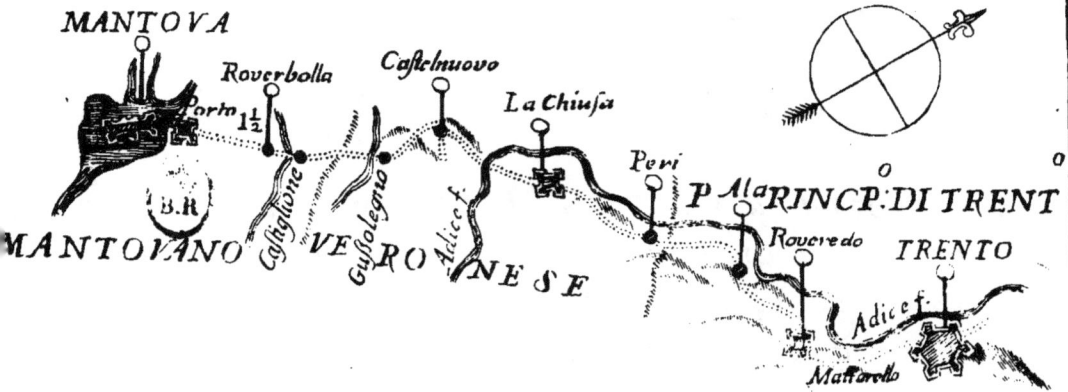

MANTOVA

Roverbolla

Castelnuovo

La Chiusa

Peri

Porto 1½

MANTOVANO

Castiglione

Gussolegno

VE RO NE S E

Adice f.

P. Ala RINCP. DI TRENT

Roveredo

TRENTO

Adice f.

Mattarello

B.R

Num. 12. | Num. 12.

V I A G G I O | V O Ï A G E

Da Bologna, a Venezia, per la via di Modena, Mirandola, Mantova, Lignago, e Padova, e da Mantova, a Brescia, e Bergamo. | De Bologne ; à Venise, par Modene, Mirandole, Mantoue, Lignago, & Padoue, & de Mantoue, a Brescia, & Bergame.

Da Bologna, a Mantova, sono Poste 11. vedi il num. 10.	De Bologne, à Mantoüe. il y a 11. Poftes, vois le nombre 10.

Da Mantova, a Caftellaro,	De Mantoüe, au Caftellaro. p. 1. & demi.
Da Caftellaro, a Sanguinetto.	Du Caftellaro, a Sanguinetto. p. 1.
Da Sanguinetto, a Bevilacqua.	De Sanguinetto, à Bevilacqua. p. 1. & demi.
Da Bevilacqua, a Efte.	De Bevilacqua, à Efte. p. 1. & demi.
Da Efte, a Monfelefe.	De Efte, à Monfelefe. p. 1.
Da Monfelefe, a Padova.	De Monfelefe, à Padoüe. p. 1. & demi.
Da Padova, al Dolo.	De Padoüe, au Dole. p. 1. & demi.
Dal Dolo, a Fufina.	Du Dole, à Fufine. p. 1. & demi.
Da Fufina, a Venezia fi va in barca, e vi fono miglia 5.	De Fufine, a Venife, on va en barque & il y a 5. mille.
Sono Pofte 11. miglia 106.	Il y a 11. Poftes : milles 106.

Viaggio da Mantova, a Bergamo.	Voïage de Mantoüe, a Bergame.

Da Mantova, a Goito.	De Mantoüe, à Goito. p. 1. & demi.
Da Goito, a Caftiglione.	De Goito, à Caftiglione. p. 1. & demi.
Da Caftiglione, a Brefcia,	De Caftiglione, à Breffe. p. 2.
Da Brefcia, allo Spedaletto.	De Breffe, au petit Hôpital. p. 1.
Dallo Spedaletto, a Palazzolo.	Du petit Hôpital, à Palazzolo. p. 1. & demi.
Da Palazzolo, a Bergamo.	De Palazzolo, à Bergame. p. 1. & demi.
Sono Pofte 9. miglia 76.	Il y a 9. Poftes : milles 76.

BRESCIA

Viaggio da Mantova a Venezia Sono Poste 11 . Miglia 106 .
da Mantova a Bergamo Sono Poste 9 . Miglia 76 .

Spidaletto
Ilgo
Cocaiio
Palazzolo
1½
2. Melef.
Caftagotoleo
Ochiero
Caftiglione
1½
B.M.
MANTOVANO
La Volta
Goito
Gaialmeda
Carhrog
Caftellaro
Iferio
1½
BERGAMO
MANTOVA
1½
Mincio
Bagnolo
Porto
Marmirolo
1½
Duete
Tartaro
Trigmare
Sanguinetto
1½
Sanguineto
Cerea
LIONAGO
1½
Menago
Sagsivenza
V
E
N
Nilogrado
Tioterio
E
Brakigtone
Flume
B. Charco
Manguagnana
Z
I
A
Bafanello
Ro.ogo
Merenolo
1½
Ro.ogo
Rebiolo
1½
B. Charco
Bagliano
PADOVA
1½
1½
Dola
Mira
Dolo
1½
Oniago
Fiefina
Sta.
Brenta
VENEZIA
Bafanello
Catalo
Efte.
Monfelice
N
O
A
N
O
BERGAMO

Num. 13.

VIAGGIO

Da Bologna, a Mantova,
par la via di Cento, e
Ferrara, e da Ferra-
ra, a Faenza, per la
via di Lugo.

Num. 13.

VOÏAGE

De Bologne, à Man-
toue, par Cento,
Ferrare, & de Ferra-
re, à Faïence, par
Lugo.

Da Bologna, a Mantova, per Ferrara, e da Ferrara, a Faenza.	De Bologne, à Mantoüe, par Ferrare, & de Ferrare, à Faïence.
Da Bologna, a S. Giorgio.	De Bologne, à S. George. p. 1. & demi.
Si paſſa il Naviglio Fiume ſul Ponte, e ſi paga Paoli uno.	On paſſe la Riviere Navoglio ſur le Pont, & on paie un Paule.
Da S. Giorgio, a Cento Città.	De S. George, à Cento Ville. p. 1.
Si paſſa il Reno Fiume in barca, e ſi paga.	On paſſe la Riviere de Reno en barque, & on paie.
Da Cento, a S. Carlo.	De Cento, à S. Charles. p. 1.
Da S. Carlo, a Ferrara Città.	De S. Charles, à Ferrare Ville. p. 1. & demi.
Da Ferrara, a Palantone.	De Ferrare, à Palantone. p. 1.
Si paſſa il Poatello in barca, e ſi paga.	On paſſe le Poatello en barque, & on paie.
Da Palantone, a Maſſa.	De Palantone, à Maſſa. p. 1.
Si paſſa il Pò Fiume in Barca, e ſi paga.	On paſſe le Fleuve Pò en barque, & on paie.
Da Maſſa, a Oſtiglia.	De Maſſa, à Oſtiglie. p. 1.
Da Oſtiglia, a Governolo.	De Oſtiglie, à Governole. p. 1.
Da Governolo, a Mantova.	De Governole, à Mantoüe Ville. p. 1. & demi.
Queſto Viaggio ſi può fare tutto per Acqua. Sono Poſte 10., e mezza: miglia 80.	Ce Voïage on peut faire toute par Eaux. Il y a 10. Poſtes, & demi: milles 80.
Da Ferrara, a Faenza.	De Ferrare, à Faïence.
Da Ferrara, a S. Niccolò.	De Ferrare, à S. Nicolas. p. 1. & demi.
Da S. Niccolò, ad Argenta.	De S. Nicolas, à Argenta. p. 1.
Da Argenta, alle Caſe Bruciate.	De Argenta, aux Maiſons Brules. p. 1.
Dalle Caſe Bruciate, a Lugo.	Des Maiſons Brulés, à Lugo p. 1.
Si paſſa il Pò di Primaro in barca, e ſi paga.	On paſſe le Pò de Primaro en barque, & on paie.
Da Lugo, a Faenza Città.	De Lugo, à Faïence Ville. p. 1. & demi.
Sono Poſte 6. miglia 47.	Il y a 6. Poſtes: milles 47.

M. 80.

Viaggio da Bologna a Mantova sono Poste 10½
Ferrara a Faenza sono Poste 6. M. 47

MANTOVA

Porto
Mincio
Garolda
Pelagallo
Governolo
Iucchetto
Ostiglia
C. Nuova
Massa
Figherolo
Polantone

P O'F.

M A N T O V A N O

Ravallo

FERRARA

CENTO
S. Carlo
Po di
1½
Renef.
Ferrara
Guldruina
S. Nicolò
Po

Massanatico
Valli di
Margra
Ospidole
Argenta

S. Pietro in Cafa
S T A T O

S. Giorgio
1½
Funo

Primaro
Casa Brucciata
Santerno f.

Massa
1½
Berio f.
Lugo

Corticella
Canal della Navigazione

P O N T I F I S I O

Ansone f.

Renef.
BOLOGNA

FAENZA

VIAGGIO

Da Bologna, a Turino, per la via di Modena, Reggio, Parma, Piacenza, Tortona, Alessandria, e Asti, e da Turino, a Genova, per la via d'Asti, Alessandria, e Novi.

Da Bologna, a Piacenza, sono Poste 12. vedi il num. 16.

Da Piacenza, a Castel S. Giovanni.
Si passa la Trebbia Fiume in barca, e si paga secondo l'acqua, che vi farà dovendosi riportare alle Tariffe.

Da Castel S. Giovanni, a Brono,
Si passa il Tidone Fiume in barca quando vi è dell'acqua, e si paga Paoli uno; quando non vi è acqua non si paga nulla.

VOÏAGE

De Bologne, à Turin; par Modene, Reggio, Parme, Plaisance, Tortone, Alexandrie, & Asti, & de Turin, à Gennes, par Asti, e Alexandrie, & Novi.

De Bologne, à Plaïsance, il y a 12. Postes. vois le nombre 16.

De Plaïsance, à Chateau Saint Jean.   p. 2.
On passe la Riviere Trebbia en barque, & on paie selon l'eau qu'on y trouve; s'en devant rapporter au Tarif.

De Chateau Saint Jean, à Brone.   p. 1.
On passe la Riviere Tridone en barque, quand il y a de l'eau, on paie un Paule, & quand il n'y a point d'eau on ne paie rien.

Da Brono, a Voghera.	De Brone, à Voghere. p. 2. & demi.
Da Voghera, a Tortona.	De Voghere, à Tortone. p. 1. & demi.
Si paſſa la Scrivia Fiume in barca, e ſi paga conforme l'acqua che vi farà.	On paſſe la Riviere Scrivie en barque, & on paie ſelon l'eau qu'on trouve.
Da Tortona, ad Aleſſandria.	De Tortone, à Alexandrie. p. 2.
Si paſſa il Burmìa Fiume in barca, e ſi paga Paoli uno.	On paſſe la Riviere Burmie en barque, & on paie un Paule.
Da Aleſſandria, a Fellizano.	De Alexandrie, à Fellizane. p. 1.
Da Fellizano, ad Annone.	De Fellizane, à Annone. p. 1.
Da Annone, ad Aſti.	De Annone, à Aſti. p. 1.
Si paſſa lo Stirone Fiume, e ſi paga.	On paſſe la Stirone Riviere, & on paie.
Da Aſti, a Gambetta.	De Aſti, a Gambetta. p. 1.
Da Gambetta, a S. Michele.	De Gambetta, a Saint Michel. p. 1.
Da S. Michele, a Porrino.	De Saint Michel, à Porrin. p. 1.
Da Porrino, a Trufarello.	De Porrin, à Trufarelle. p. 1.
Da Trufarello, a Turino.	De Trufarelle, à Turin. p. 1.
Sono Poſte 17. miglia 128.	Il y a 17. Poſtes: milles 128.

Da Turino, a Genova. — De Turin, à Gennes.

Da Turino, a Trufarello.	De Turin, à Trufarel. p. 1.
Da Trufarello, a Porrino.	De Trufarel, a Porin: p. 1.
Da Porrino, a S. Michele.	De Porin, à S. Michel. p. 1.
Da S. Michele, a Gambetta.	De S. Michel, à Gambetta. p. 1.
Da Gambetta, ad Aſti.	De Gambetta, à d'Aſti. p. 1.
Da Aſti, ad Annone.	De Aſti, à Anone. p. 1.
Da Annone, a Filiſſano.	De Anone, à Filiſano. p. 1.
Da Filiſſano, ad Aleſſandria.	De Filiſano, à Alexandri. p. 1.
Da Aleſſandria, a Novi.	De Alexandri, à Novi. p. 2.
Da Novi, a Voltaggio.	De Novi, à Voltaggio. p. 2.
Qui ſi paſſa una Catena, e ſi paga due Paoli per ogni Sedia a due Ruote.	Ici on paſſe une Chaine, & on paie deux Paules pour chaque chaiſe de deux roües.
Da Voltaggio, a Campo Marrone.	De Voltaggio, à Campo Marrone. p. 2.
Da Campo Marrone, a Genova.	De Campo Marrone, à Gennes. p. 1. & demi.
Sono Poſte 15. e mezza.	Il y a 15. Poſtes & demi.

Viaggio da Piacenza a Torino
Sono Poste 17. Miglia 12 8.
e da Torino a Genova sono Poste 15.½.

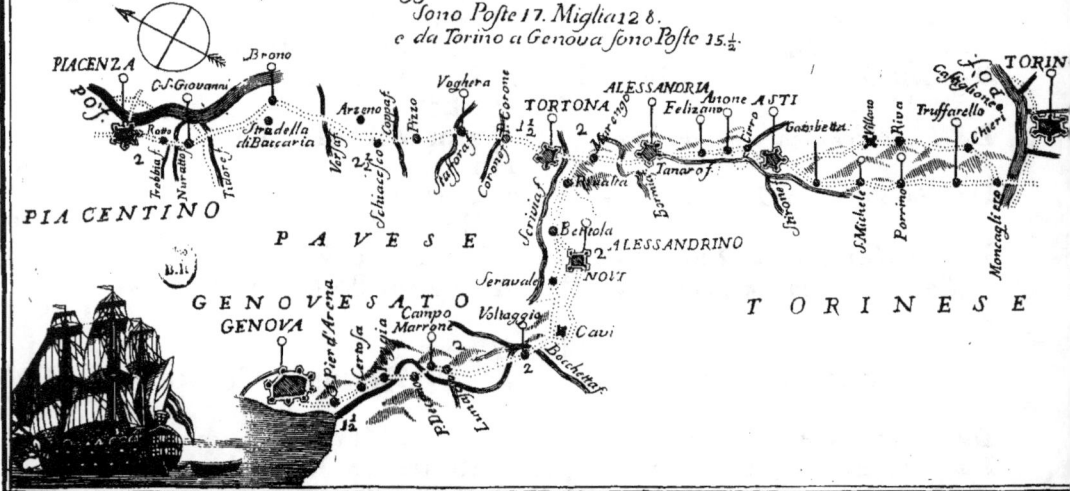

PIACENZA

POJ.

PIACENTINO

Brono

C.S.Giovanni

Roso

Trebbia

Nurate

Tidore

Stradella di Baccaria

Arzeno

Verful

Schiaccio

Coppaf

Pizzo

Voghera

Taffora

Corona

Corone

PAVESE

Seravale

Scrivia

TORTONA
1½   2

Rivalta

Bertola

ALESSANDRIA

Felizano

NOVI. 2. ALESSANDRINO

Marengo

Bormida

Tanaro f.

Anone ASTI

Savone

Gambetta

TORINESE

Truffarello

TORIN

Castidone

Chieri

S.Michele

Vigliano

Porino

Riva

Moncaglie

GENOVESATO

GENOVA

Pier d'Arena

Serbia

Campo Marrone

Voltaggio

Cavi

Borchettos

P.Decio

Lurisia

VIAGGIO

Da Bologna, a Turino,
e da Turino, a Mila-
no, per la via di Ver-
celli, e Novara.

VOÏAGE

De Bologne, à Turin;
& de Turin, à Mi-
lan, par Vercelli, &
Novare.

Da Bologna, a Turino, sono Poste 29. vedi il num. 16., e 14.	De Bologne, à Turin, il y a 29. Poftes, vois le nombre 16., & 14.
Da Turino, a Settimo. Si paßa la Stura, e Melone Fiumi, e fi paga.	De Turin, à Settime. p. 1. On paffe les Rivieres Sture, & Melone, & on paie.
Da Settimo, a Chivafco. Si paßa il Baltia, e Dora Fiumi, e fi paga.	De Settime, à Chivafco. p. 1. On paffe les Rivieres de Baltia, & Dora, & on paie.
Da Chivafco, a Cigliano.	De Chivafco, à Cigliane. p. 1. & demi.
Da Cigliano, a S. Germano.	De Cigliane, à Saint Germain. p. 1. & demi.
Da S. Germano, a Vercelli. Si paßa la Seßia Fiume, e fi paga.	De Saint Germain, à Vercel. p. 1. On paffe la Riviere Seffia, & on paie.
Da Vercelli, a Novara. Si paßa la Gogna Fiume, e quando v'è acqua, fi paga Paoli uno.	De Vercel, a Novare. p. 1. & demi. On paffe la Riviere Gogna, & quand il y a de l'eau on paie un Paule.
Da Novara, a Bufalora. Si paßa il Tefino Fiume in barca, e fi paga fecondo l'acqua, che vi farà.	De Novare, à Bufalore. p. 1. & demi. On paffe la Riviere Tefin en barque, & on paie felon l'eau qu'on y trouve.
Da Bufalora, a S. Pier dell' Olmo.	De Bufalore, à Saint Pierre de l'Olme. p. 1.
Da S. Pier dell' Olmo, a Milano. Sono Poste 11. miglia 94.	De Saint Pierre de l'Olme, à Milan. p. 1. Il y a 11. Poftes, milles 94.

Viaggio da Torino a Milano
Sono Poste 11. Miglia 94.

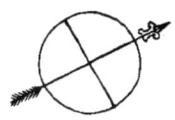

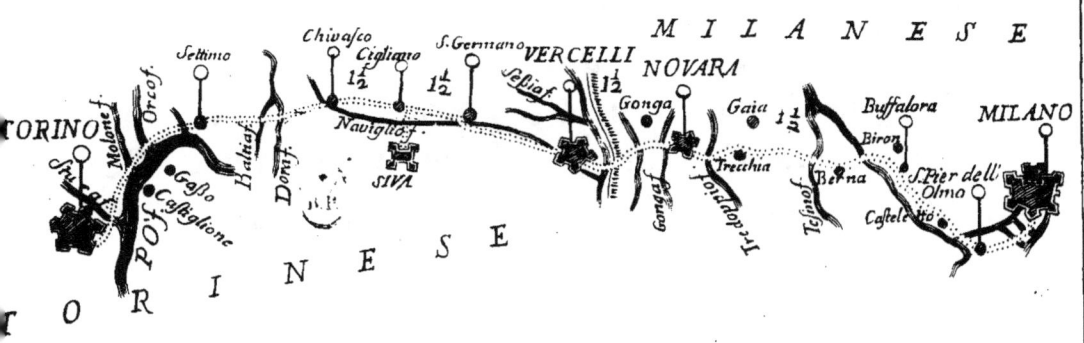

MILANESE

Chivasco
Settimo
Cigliano
1½
S. Germano
1½
VERCELLI
1½
NOVARA
Sessia f.
Gonga
Gaia
1½
Buffalora
Biron
MILANO
Naviglio f.
SIVA
Trecchia
Trivolopra
Berna
S. Pier dell' Olmo
Castelletto

TORINO
Gaßo
Castiglione
Baltia
Doriß
Melane f.
Orcof.
P.O.f.

T O R I N E S E

Num. 16.

VIAGGIO

Da Bologna, a Milano, per la via di Modena, Reggio, Parma, Piacenza, e Lodi, e da Bologna, a Genova, per la via di Piacenza, Tortona, e Navi.

Da Bologna, a Milano.

Da Bologna, alla Samoggia.

Si paſſa il Reno Fiume ſul Ponte, e ſi paga Paoli uno.

Dalla Samoggia, a Modena.

Si paſſa il Panaro Fiume in barca, e ſi paga Paoli uno, e ſoldi 8

Da Modena, a Rubiera.
Si paſſa Secchia Fiume, e ſi paga Paoli due.

Da Rubiera, a Reggio.
Da Reggio, a S. Eulalia.
Si paſſa Lenza Fiume ſul Ponte, e ſi paga Paoli uno.

Num. 16.

VOÏAGE

De Bologne, à Milan, par Modene, Reggio, Parme, Plaïſance, & Lodi, & de Bologne, à Gennes, par Plaïſance, Tortone, & Novi.

De Bologne, à Milan.

De Bologne, à la Samoggia. p.1.& demi.
On paſſe laRiviereReno ſur le Pont, & on paie un Paule.

De la Samoggia, à Modene. p.1.& demi.
On paſſe le Panaro Fleuve en barque, on paie 1.Paule,& 8.ſols.

De Modene, à Rubiere. p.1.
On paſſe la SecchiaRiviere en barque,& on paie deux Paules.

De Rubiere, à Reggio. p.1.
De Reggio, à S.Eulalie. p.1.
On paſſe la Riviere Lenza ſur le Pont, & on paie un Paule.

Da S. Eulalia, a Parma.	De S. Eulalia, à Parme. p. 1.
Da Parma, a Castel Guelfo.	De Parme, au Chateau Gueife. p. 1.
Si passa il Taro Fiume, e si paga Paoli due.	On passe la Riviere Taro, & on paie deux Paules.
Da Castel Guelfo, a Borgo San Donino.	Du Chateàu Guelfe, au Bourg Saint Donnin. p. 1.
Da Borgo S. Donino. a Fiorenzola.	De Bourg Saint Donnin, à Fiorenzole. p. 1.
Si passa lo Stirone Fiume, e si paga Paoli uno.	On passe la Riviere Stirone, & on paie un Paule.
Da Fiorenzola, a Piacenza.	De Fiorenzole, à Plaïsance. p. 2.
Da Piacenza, a Zorlesco.	De Plaïsance, à Zorlesco. p. 2.
Si passa il Pò Fiume in barca, e si paga Paoli trè, e mezzo.	On passe le Fleuve Pò en barque, & on paie 3. Paules, & demi.
Da Zorlesco, a Lodi.	De Zorlesco, à Lodi. p. 1.
Da Lodi, a Marignano.	De Lodi, a Marignane. p. 1.
Si passa il Lambro Fiume, e si paga.	On passe la Riviere Lambre, & on paie.
Da Marignano, a Milano.	De Marignane, à Milan. p. 1.
Sono Poste 17. miglia 157.	Il y a 17. Postes: milles 157.
Da Piacenza, a Genova.	De Plaïsance, à Gennes.
Da Piacenza, a Castel S. Giovanni.	De Plaïsance, à Chateau S. Jean. p. 2.
Da Castel S. Giovanni, a Bronio.	De Chateau S. Jean, à Brogne. p. 1.
Da Bronio, a Voghera.	De Brogne, à Vogguier. p. 1. & demi.
Da Voghera, a Tortona.	De Vogguier, à Tortone. p. 1. & demi.
Da Tortona, a Novi.	De Tortone, à Novi. p. 2.
Da Novi, a Voltaggio.	De Novi, a Voltaggio. p. 2.
Qui si passa una Catena, e si paga Paoli due per ogni Sedia a due ruote.	Ici on passe une Chaine, & on paie deux Paules pour chaque chaise de deux roües.
Da Voltaggio, a Campo Marrone.	De Voltaggio, à Campo Marrone. p. 2.
Da Campo Marrone, a Genova.	De Campo Marrone, à Gennes. p. 1. & demi.
Sono Poste 12., e mezza.	Il y a 14. Postes: & demi.

N. 16.

Viaggio da Bologna a Milano
Sono Poste 17 Miglia 157.
e da Bologna a Genova sono P. 14½

MILANESE

BOLOGNA   Samoggia   MODONA   LODI   LODIVECCHIO   MILAN

REGGIO   PARMA   PARMIGIANO   Zerlesco   Marignano   TORTON

MODANESE   S. Eulalia   Borgo S. Donino   Fiorenzola   PIACENZA

BULOGNESE   Brunia   Voghera

GENOVA

Campo marone   Voltaggio   Coui

GENOVESAT

VIAGGIO

Da Bologna, a Milano, per la via di Modena, Mirandola, Mantova, Cremona, Pizzighettone, e Lodi, e da Bologna, a Mantova, per la via di Modena, Reggio, Parma, e Guastalla.

VOÏAGE

De Bologne, à Milan, par Modene, Mirandole, Mantoüe, Cremone, Pizziqueton, & Lodi, & de Bologne, à Mantoüe, par Modene, Reggio, Parme, & Guastalle.

Da Bologna, a Modena, sono Poste tre, vedi il num. 16.	De Bologne, a Modene, il y a Postes tres, vois le nombre 16.

Da Modena, a Buonporto.	De Modene, à Buonporto.	p. 1.
Da Buonporto, alla Mirandola.	De Buonporto, à la Mirandole.	p. 2.
Dalla Mirandola, alla Concordia.	De la Mirandole, à la Concorde.	p. 1.
Dalla Concordia, a Quingentolo.	De la Concorde, à Quingentolo.	p. 1. & demi.
Da Quingentolo, a Governolo.	De Quingentolo, à Governolo.	p. 1.
Da Governolo, a Mantova Città.	De Governolo, à Mantoüe Ville.	p. 1. & demi.
Da Mantova, a Castellaccio.	De Mantoüe, à Castellaccio.	p. 1.
Da Castellaccio, a Marzaja.	De Castellaccio, à Marzaja.	p. 1.
Da Marzaja, a Bozzolo.	De Marzaja, à Bozzolo.	p. 1.
Da Bozzolo, a Voltino.	De Bozzolo, à Voltine.	p. 1.
Da Voltino, alla Pieve di S. Giacomo.	De Voltine, à la Pieve de S. Jacques.	p. 1.
Dalla Pieve di S. Giacomo, a Cremona Città.	De la Pieve de S. Jacques, à Cremone Ville.	p. 1.
Da Cremona, a Pizzighettone Città.	De Cremone, à Picigheton Ville.	p. 1.
Da Pizzighettone, a Zurlesco.	De Picigheton, à Zurlesco.	p. 1.
Da Zurlesco, a Lodi.	De Zurlesco, à Lodi.	p. 1.
Da Lodi, a Marignano.	De Lodi, à Marignano.	p. 1.
Da Marignano, a Milano.	De Marignano, à Milan.	p. 1.
Sono Poste 19. miglia 170.	Il y a 19. Postes, milles 170.	

Da Bologna, a Parma, sono Poste 7., vedi il num. 16.	De Bologne, à Parme, il y a Postes 7., vois le nombre 16.

Da Parma, a Brescello.	De Parme, à Berselle.	p. 2.
Da Brescello, a Guastalla.	De Berselle, à Guastalle.	p. 1.
Da Guastalla, a Borgoforte.	De Guastalle, à Borgoforte.	p. 2.
Da Borgoforte, a Mantova.	De Borgoforte, à Mantoüe.	p. 1.
Sono Poste 6. miglia 52.	Il y a 6. Postes: milles 52.	

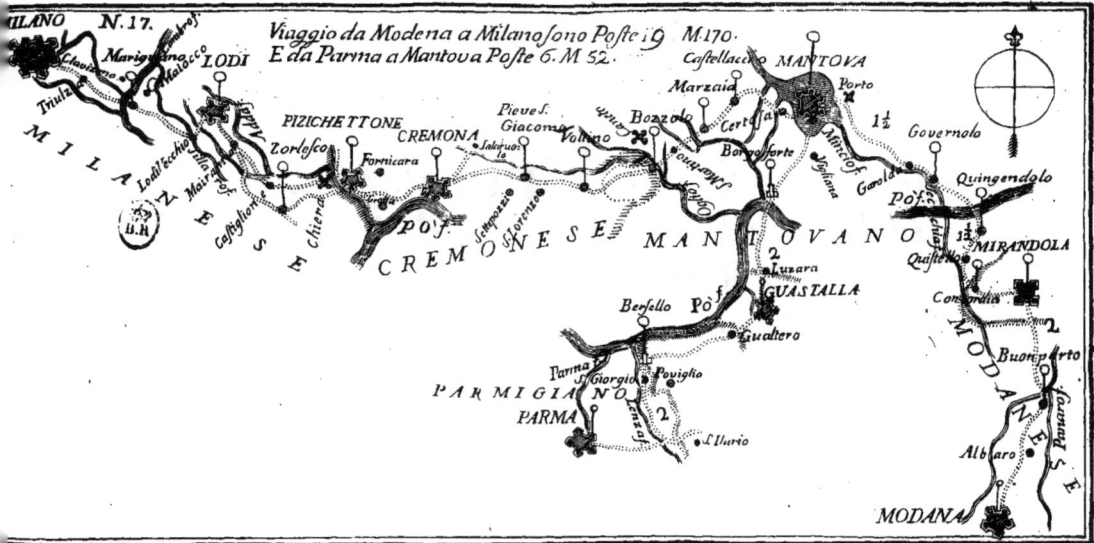

V I A G G I O   VOÏAGE

*Da Bologna, a Milano, e
da Milano, a Venezia,
per la via di Bergamo,
Brescia, Verona, Vi-
cenza, e Padova.*

De Bologne, à Milan,
& de Milan, à Veni-
se, par Bergame, Bre-
scia, Verone, Vicen-
ce, & Padoue.

Da Bologna, a Milano, sono Poste 17., vedi il num. 16.	**De Bologne, a Milan;** il y a 17. Poftes, vois le nombre 16.

Da Milano, a Colombarolo.	De Milan, à Colomba-role. p.1.&demi.
Da Colambarolo, alla Canoni-ca.	De Colombarole, à la Canonique. p.1.
Si paffa l' Adda Fiume in barca, e fi paga Paoli uno.	On paffe la Riviere Adda en barque, & on paie un Paule.
Dalla Canonica, a Bergamo Città.	De la Canonique, à Ber-game Ville. p.1.&demi.
Da Bergamo a Cavernago.	De Bergame, à Caver-nago. p.1.
Da Cavernago a Palazzolo.	De Cavernago, à Palaz-zole, p.1.
Da Palazzolo, allo Spedalet-to.	De Palazzole, au Spe-daletto. p.1.&demi.
Dallo Spedaletto, a Brefcia Città.	Du Spedaletto, à Bref-fe Ville. p.1.
Da Brefcia, a Ponte S. Marco.	De Breffe, au Pont Saint Marc. p.1.&demi.
Da Ponte S. Marco, a Defen-zano.	Du Pont Saint Marc, à Defenzane. p.1.
Da Defenzano, a Caftel Nuo-vo.	De Defenzane, au Cha-teau Neuf. p.1.&demi.
Da Caftel Nuovo, a Verona Città.	Du Chateau Neuf, à Ve-rone Ville. p.1.&demi.
Da Verona, a Caldero.	De Verone, à Caldero. p.1.
Da Caldero, a Monte bello.	De Caldero, à Monte-bello. p.1.&demi.
Da Monte bello, a Vicenza Città,	De Montebello, à Vi-cence Ville. p.1.
Da Vicenza, a Slefega.	De Vicence, à Slefega. p.1.
Da Slefega, a Padova Città.	De Slefega, à Padoüe Ville. p.1.
Da Padova, al Dolo.	De Padoüe, au Dole. p.1.&demi.
Dal Dolo, a Fufina.	Du Dole, à Fufine. p.1.&demi.
Da Fufina, a Venezia fi va in barca, e vi fono Miglia 5.	De Fufine, à Venife, on va en barque, & il y a 5. Milles.
Sono Pofte 22., e mezza : mi-glia 194.	Il y a 22. Poftes, & demi : mil-les 194.

N.18.

Viaggio da Milano a Venezia
Sono Poste 22½   Miglia 194

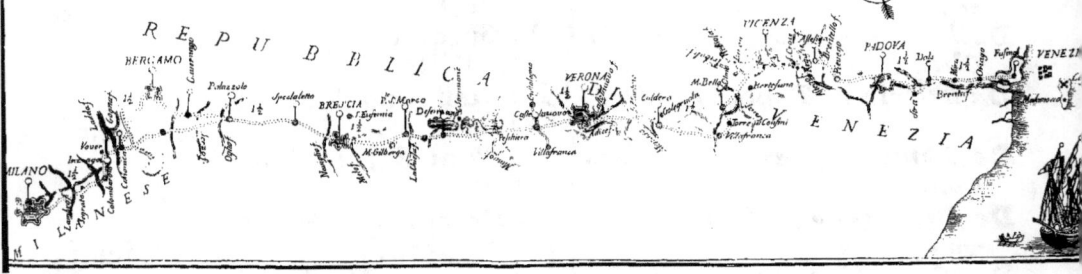

REPUBBLICA

BERGAMO

VICENZA

VERONA

PADOVA

VENEZIA

MILANO

MILANESE

VENEZIA

VIAGGIO

Da Bologna , a Milano, e
da Milano , a Genova,
per la via di Pavìa ,
Tortona, e Novi.

Num. 19.

VOÏAGE

De Bologne, à Milan ,
& de Milan , à Gen-
nes, par Pavie , Tor-
tone, & Novi.

Da Bologna, a Milano, sono Poste 17., vedi il num. 16.	De Bologne, à Milan, il y a 17. Postes, vois le nombre 16.

Da Milano, a Binasco.

De Milan, à Binasco. p. 1.

Da Binasco, a Pavia Città.

De Binasco, à Pavie Ville. p. 1.

Si passa il Tesino, e il Pò Fiumi in barca, e si paga Paoli uno.

On passe le Tesin, & le Fleuve Pò en barque, & on paie un Paul.

Da Pavia, a Voghera.

De Pavie, à Voghere. p. 2.

Da Voghera, a Tortona Città.

De Voghere, à Tortone Ville. p. 1. & demi.

De Tortona, a Novi Città.

De Tortone, à Novi Ville. p. 2.

Da Novi, a Voltaggio.

De Novi, à Voltaggio. p. 2.

Qui si passa una Catena, e si paga Paoli due per ogni Sedia da due rote.

Ici on passe une Chaine, & on paie deux Paules pour chaque chaise de deux roües.

Da Voltaggio, a Campo Marrone.

De Voltaggio, à Campo Marrone. p. 2.

Da Campo Marrone, a Genova.

De Campo Marrone, à Gennes. p. 1. & demi.

Sono Poste 13. miglia 104.

Il y a 13. Postes, milles 104.

Viaggio da Milano a Genova

Sono Poste 13 Miglia 104.

PAVIA

Castel S. Gio.

ILANO

Binasco

Certosa

Bronio

Casina

2

Strada di Piacenza

Telino f.

Voghera

Po.

Staffora f.

1½

Corone f.

P. Corone f.

TORTONA

2

Scrivia f.

NOVI

GENOVESATO

GENOVA

Campomarrone

Voltaggio 2.

Pontecoera f.

Certosa f.

Lumea

1½

S. Pier d'Arena

Rivalta

2 Bertola

Serravala

Gavi

2

Bocchetta f.

Fonte Xmò

Reggio

Strada di Turino

2

Annone

Feliziano

ALESSANDRIA

MILANESE

GENOVESE

VIAGGIO

Da Bologna, a Genova,
e da Genova, a Pisa,
per la via di Sarza-
na, la Venza, e Mas-
sa sempre dietro la Ri-
viera.

Num. 20.

VOÏAGE

De Bologne, à Gennes,
& de Gennes, à Pise,
par Sarzana, la Venza,
& Massa toujours de-
triere le Riviere.

Da Bologna, a Genova, per la via di Piacenza, e Tortona, fono Pofte 24., e mezza: vedï il num. 16.	De Bologne, à Gennes, par Plaïfence, & Tortone, il y a 24. Poftes, & demi, vois le nombre 16.
Da Genova, a Recco.	De Gennes, à Recco. p. 2.
Da Recco, a Rapallo.	De Recco, à Rapallo. p. 1.
Da Rapallo, a Seftri di Levante.	De Rapallo, à Seftri du Levant. p. 2.
Da Seftri di Levante, a Bracco.	De Seftri, à Bracco. p. 1.
Da Bracco, a Materana.	De Bracco, à Materane. p. 1.
Da Materana, a Borghetto.	De Materane, à Bourguet. p. 1.
Da Borghetto, a Sarzana.	De Bourguet, a Sarzane Ville. p. 8.
Si paffa il Fiume Magra, e quando quefto Fiume è gonfio, fi va dal Borghetto alla Spezia Città, e vi fono Pofte due, e dalla Spezia a Sarzana Città, vi fono Pofte una.	On paffe la Riviere Magra, quand ce Torrent groffit, on va de Bourguet alla Spezia Ville il y a 2. Poftes, e de Spezia à Sarzane Ville il y a 1. Pofte.
Da Sarzana, a Lavenza Città.	De Sarzane, à la Venze Ville. p. 1.
Da Lavenza, a Maffa Città.	De la Venze, a Maffe Ville. p. 1.
Da Maffa, a Pietra Santa.	De Maffe, à Pierre Sainte, p. 1.
Da Pietra Santa, a Viareggio.	De Pierre Saint, à Viaregge. p. 1.
Da Viareggio, alla Torretta.	De Viaregge, a la Tourette. p. 1.
Dalla Torretta, a Pifa Città.	De la Tourette, à Pife Ville. p. 1.
Quefto Viaggio, da Genova, a Lerici, quando il Mare è buono, fi potrà fare in barca, e ciò per evitare la gran Montagna, effendo un Viaggio lungo, e inufitato.	Ce Voïage de Gennes, à Lerici quand la Mer eft in calme, fe peut faire en barque, affin d' eviter la grande Montagne, étant un Voïage long, & inufité.
Sono Pofte 17. miglia 121.	Il y a 17. Poftes; milles 121.

Viaggio da Genova a Pisa
Sono Poste 17. Miglia 121.

GENOVESATO

GENOVA
Recco Rappallo Sestri di Levante Bracco Borghetto 2 Spezia O
Materana

DUCATO DI
MASSA
Sarzana MASSA Pietrasanta TOSCANA LUCCHESE
La Venza Viareggio PISANO
PISA
Torre Serchio

M. Pier d'Arena

MARE LIGVSTICO PORTO VENERE MARE TOSCANO

Venaza Massarolo Rimaggiore

VIAGGIO

Da Bologna, a Brescia, per la via di Parma, Piacenza, Tortona, Pavia, Lodi, e Crema, e da Tortona, a Genova,

VOÏAGE

De Bologne, à Brescia, par Parme, Plaïsance, Tortone, Pavìe, Lodi, & Cremme, & de Tortone, à Gennes.

Da Bologna, a Tortona, sono Poste 17., vedi il num. 16.	De Bologne, a Tortone, il y a 17. Poftes, vois le nombre 16.
Da Tortona, a Voghera,	De Tortone, à Voghera Ville. p. 1. &demi.
Da Voghera, a Pavia.	De Voghera, à Pavìe Ville. p. 2.
Da Pavìa, a Lodi.	De Pavìe, à Lodi Ville. p. 1. &demi.
Da Lodi, a Crema.	De Lodi, à Creme Ville. p. 1.
Da Crema, a Orcinovi.	De Creme, à Orcinovi. p. 1. &demi.
Da Orcinovi, a Brescia.	De Orcinovi, à Breffe Ville. p. 2.
Sono Poste 9., e mezza.	Il y a 9. Poftes: & demi.

Da Tortona, a Genova.	De Tortone, à Gennes.
Da Tortone, a Novi.	De Tortone, a Novi. p. 2.
Da Novi, a Voltaggio.	De Novi, à Voltaggio. p. 2.
Qui si passa una Catena, e si paga Paoli due per ogni Sedia da due ruote.	Ici on paffe une Chaine, & on paie deux Paules pour chaque chaife de deux roües.
Da Voltaggio, a Campomarrone.	De Voltaggio, à Campomarrone. p. 2.
Da Campomarrone, a Genova.	De Campomarrone, à Gennes. p. 1. &demi.
Sono Poste 7., e mezza.	Il y a 7. Poftes, & demi.

N.21.

Viaggio da Tortona a Brescia
Sono Poste 9½
E da Tortona a Genova sono Poste 7½

BRESCIA

ORCINOVI   CREMONESE
CREMA   MILANESE

TORTONA   Navi
Voltaggio
Campomarrone
1½
GENOVA

LODI
GENOVESATO

PAVIA

V I A G G I O

Da Bologna , a Venezia ,
per la via di Ferrara ,
Rovigo , e Padova .

VOÏAGE

De Bologne , à Venife ;
par Ferrare , Rovigo,
& Padoue ,

Da Bologna, a Venezia.

Da Bologna, a S. Giorgio.

Si paſſa il Naviglio Fiume ſul Ponte, e ſi paga un Paolo per ogni Sedia da due ruote.

Da S. Giorgio, a Cento Città.

Si paſſa il Reno Fiume in barca, e ſi paga.

Da Cento, a S. Carlo.

Da S. Carlo, a Ferrara Città.

Si paſſa l'Adice, e Pò Fiumi in barca, e ſi paga Paoli uno per ciaſchiduno per ogni Sedia da due ruote.

Da Ferrara, a Rovigo Città.

Da Rovigo, a Monſeleſe.
Da Monſeleſe, a Padova Città.

Da Padova, al Dolo.
Dal Dolo, a Fuſina.
Da Fuſina, a Venezia ſi va in barca, e vi ſono miglia 5.
Sono Poſte 13., e mezza: miglia 115.
Avvertendo che le due Poſte da Ferrara, a Rovigo ſi devono pagare Paoli 15. per Poſta, e nel ritornare addietro le due Poſte da Rovigo, a Ferrara, ſi pagheranno per Poſte 2., e mezza ſecondo la Tariffa di detto Stato.
Queſto viaggiu ſi può fare tutto per Acqua, eſſendovi due Corrieri, che partono tutte le Settimane.

De Bologne, à Veniſe.

De Bologne, à Saint George. p. 1. &demi.
On paſſe la Riviere Naviglio ſur le Pont, & on païe 1. Paule pour chaque chaiſe a deux roües.

De Saint George, à Cento Ville. p. 1.
On paſſe Reno le Fleuve en barque, & on païe.

De Cento, à S. Charles. p. 1.

De S. Charles, à Ferrare Ville. p. 1. &demi.
On paſſe l'Adice, & le Fleuve Pò en barque, & on païe un Paule pour chaque chaiſe a deux roües.

De Ferrare, a Rovigo Ville. p. 2.

De Rovigo à Monſeleſe. p. 2.
De Monſeleſe, à Padoüe Ville. p. 1. &demi.

De Padoüe, al Dolo. p. 1. &demi.
Du Dolo, à Fuſine. p. &demi.
De Fuſine, à Veniſe on y va en barque, e il y a 5. milles.
Il y a 13. Poſtes: & demi: milles 115.
Il faut obſerver que les deux Poſtes de Ferrare, & Rovigo, on doit les païer Paules 15. pour chaque Poſte, & au retour les deux Poſtes de Rovigo, à Ferrare, on païe par Poſte 2., & demi ſuivant le Tarif du dit Etât.

Ce Voïage ſe peut faire toute par Eaux aiant deux Courrier qui partent toute les Semains.

N. 22.

Viaggio da Bologna a Venezia
Sono Poste 13½ Miglia 115.

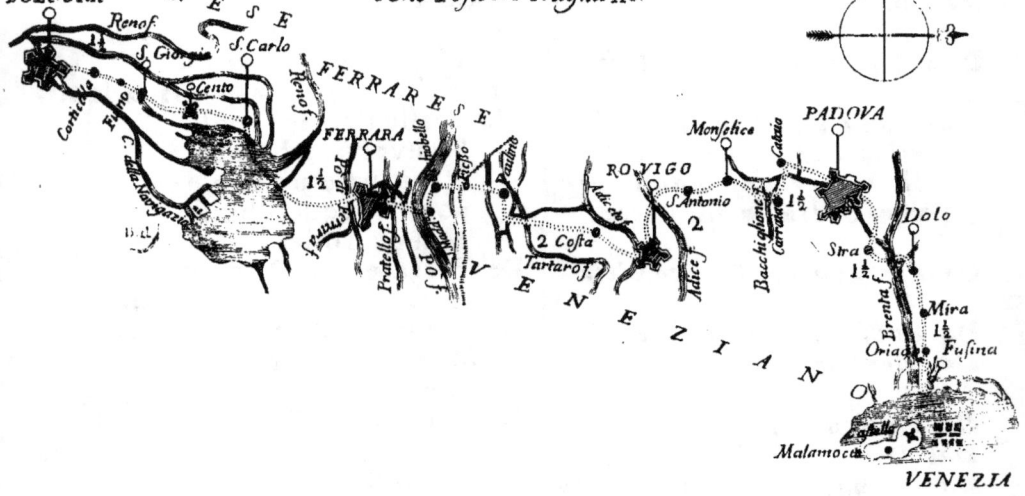

Da Bologna, a Venezia, sono Poste 13., e mezza, vedi il num. 22.	De Bologne, à Venise, il y a 13. Postes, & demi, vois le nombre 22.

Da Venezia, a Chiozza si va in barca a piacere, e per ordinario si prende una Peotta, e si fa il Viaggio in tre ore.

De Venise, à Chiozza, on va en barque a plaisir, & pour l'ordinaire on prend une Peotte, ou Brigantin, & on fait le Voïage en trois heures.

Da Chiozza alle Fornaci.

De Chiozza, aux Fournaises. p. 2.

Si passano tre Bocche in barca de' Fiumi, che si uniscono assieme, e sono il Pò, l'Adice, e la Brenta, poi si ripassa l'Adice in barca.

On passe trois ombouchures de Fleuves en barque, qui se joignents: ces sont le Pò, l'Adige, & la Brenta, & aprés on repasse l'Adige en barque.

Dalle Fornaci, alla Mesola.
Si passa il Pò grande Fiume in barca.

Des Fournaises, à Mesola. p. 2.
On passe le Fleuve Pò grand en barque.

Da Mesola, a Goro.
Si passa un altro ramo del Pò in barca.
Si passa il Fiume Pomposa in barca.

De la Mesola, à Goro. p. 2.
On passe un autre bras du Pò en barque.
On passe encore la Riviere Pomposa en barque.

Da Goro Volano, a Magna Vacca.
Si passa un ramo di Valle in barca.
Da Magna Vacca, a Primaro.

De Goro Volano, à Magna Vacca. p. 2.
On passe un bras de marais en barque.
De Magna Vacca, à Primaro. p. 2.

Si passa altro Ramo di Valle in barca. Vicino alla Posta, si passa altra Bocca di Fiume in barca, poi si passa il Catenaccio Fiume molte volte in barca, e molte a guazzo.

On passe un autre bras de marais en barque. Aupres de la Poste on passe une autre embouchure de Riviere en barque, & après la Riviere Catenaccio plusieurs fois en barque, & d'autre fois au guet.

Da Primaro, a Ravenna.
Da Ravenna, al Savio.
Dal Savio, al Cesenatico.
Dal Cesenatico, a Rimino.
Sono Poste 15. miglia 122.
Viaggio che fa il Corriere di Venezia, che va a Roma.

De Primaro, à Ravenne. p. 1.
De Ravenne, au Savio. p. 1.
Du Savio, au Cesenatique. p. 1.
Du Cesenatique, à Rimino. p. 2.
Il y a 15. Postes, milles 122.
Voïage, que fait le Courrier de Venise qui và a Rome.

Num. 24.

VIAGGIO

Da Bologna, a Venezia, e da Venezia, a Trieste, per la via di Treviso, Palma nova, e Gorizia.

Num. 24.

VOÏAGE

Da Bologne, à Venise, & de Venise, à Trieste, par Trevise, Palma nova, & Gorizia.

Da Bologna, a Venezia, sono Poste 13., e mezza, vedi il num. 22.	De Bologne, a Venise, il y a 13. Postes, & demi, vois le nombre 22.
Da Venezia, a Mestre si và in barca, e vi sono miglia 5.	De Venise, à Mestre, on y va en barque, & il y a 5. milles.
Da Mestre, a Treviso Città.	De Mestre, à Trévise Ville. p.1.&demi.
Da Treviso, a Conegliano.	De Trévise, à Conéglia-ne. p.1.&demi.
Si paßa la Pieve Fiume in barca, e si paga.	On passe la Riviere Pieve en Barque, & on paie.
Da Conegliano, a Sacil.	De Conégliane, à Sa-cil. p.1.
Da Sacil, a Pordenon.	De Sacil, à Pordenon. p.1.
Da Pordenon, a Codroipo.	De Pordenon, à Codroi-pe. p.2.
Da Codroipo, a Palma nova.	De Codroipe, à Palma nova. p.2.
Da Palma nova, a Gorizia Castello forte.	De Palma nova, à Go-rice Chateau fort. p.2.
Da Gorizia, a Trieste Città della Germania. Sono Poste 14., miglia 119.	De Gorice, à Trieste Vil-le d'Alemagne. p.3. Il y a 14. Postes, milles 119.

N.24.

Viaggio da Venezia a Trieste
Sono Poste 10 M:119.

Sacil
Cornigliano
Pardenon
Codroibo
GORIZIA
TREVIS
2
2
Torre
Corno
2
FR-IU-LI
Piave
Naviglio
Busagna
Castione
PALMANOVA
Salicetto
Corno
Isonzo
Rissa
Marzaneq
1½
Mestre
1½
NEZIANO
Aquilia
3
TRIESTE
Def
VE
Dese
VENEZIA
Capello
Malamocco

www.ingramcontent.com/pod-product-compliance
Lightning Source LLC
LaVergne TN
LVHW020948090426
835512LV00009B/1777